Inc yr Awen a'r Cread

Cerddi Byd Natur

Gol. Rhys Dafis

Cyhoeddiadau
barddas

℗ 2022 Rhys Dafis / Cyhoeddiadau Barddas ©
Hawlfraint y cerddi: y beirdd, y cyhoeddwyr a Chyhoeddiadau Barddas.
Hawlfraint y ffotograffau: Iestyn Hughes, Rhys Dafis, Gerallt Pennant,
Janet Baxter, Myfyr Griffiths, Alwyn Williams, Alamy ac iStock.com.
Gweler t. 143-4 am fanylion llawn hawlfreintiau'r lluniau a'r cerddi.

Argraffiad cyntaf: 2022
ISBN: 978-1-91158-455-1

Cedwir pob hawl. Ni chaniateir atgynhyrchu unrhyw ran o'r cyhoeddiad hwn na'i gadw mewn cyfundrefn adferadwy na'i drosglwyddo mewn unrhyw ddull na thrwy unrhyw gyfrwng electronig, tâp magnetig, mecanyddol, ffotocopïo, recordio, nac fel arall, heb ganiatâd ymlaen llaw gan y cyhoeddwr.

Cyhoeddwyd gan Gyhoeddiadau Barddas
www.barddas.cymru

Cyhoeddwyd gyda chymorth ariannol Cyngor Llyfrau Cymru
Dyluniwyd gan Tanwen Haf
Argraffwyd gan Wasg Gomer, Llandysul

Inc yr Awen a'r Cread

Cerddi Byd Natur

Gol. Rhys Dafis

Cynnwys

Cyflwyniad   Rhys Dafis   8

Yn y dechreuad ...

Harddwch	Emrys Roberts	12
Gwawr	Mererid Hopwood	14
Ar hyd y nos	Ceiriog	16
Y môr	Dic Jones	18
Ewyn	Rolant Jones	18
Ogof	Dic Jones	18
Y Grib Goch	T. Rowland Hughes	20
Afon	Gerallt Lloyd Owen	22
Enfys	Mari George	24
Siom	Menna Thomas	26
Gwyrth	Tîm Talwrn y Beirdd Ffostrasol	28

Bywyd yn y dŵr

Cregyn	Rhys Hiraethog	32
Gwymon	Anwen Pierce	34
Mewnlifiad	Huw Erith	36
O'r geulan	Idris Reynolds	38
Morloi bach Porth Maen Melyn	Ceri Wyn Jones	40
Llynnoedd Teifi	Gwenallt Llwyd Ifan	42

Coedydd a ffwng

Gwyn fyd y griafolen	Alun Llywelyn-Williams	46
Cnau cyll	Sian Northey	48
Cof y dail	Jim Parc Nest	50
Y pin	Saunders Lewis	52
Madarch	Y Coblyn Bach a'r Pwca Drwg	54
Derwen	T. Arfon Williams	56

Blodau a llwyni

Eirlys	Tom Parri Jones	60
Y fanhadlen	Thomas Davies	62
N'ad fi'n ango'	Christine James	64
Grug	Eifion Wyn, William Morris	66
O ddeutu hon	Annes Glynn	68
Lili'r Wyddfa	Tudur Dylan Jones	70

Pryfetach

Y pry cop	Gerallt Lloyd Owen	74
Gwe'r pry cop	T. Arfon Williams	74
Glöyn byw	Anni Llŷn	76
Morgrugyn	Iwan Rhys	78
Atgyfodiad y pry lludw	Rhys Iorwerth	80
Gwenyn	Manon Awst	82

Adar

Diofal yw'r aderyn ...	Anhysbys	86
Gwaith	Haf Llewelyn	88
I'r ceiliog du o Goed-y-Bryn	T. Llew Jones	90
Y gnocell frith fwyaf	Alan Llwyd	92
Bwlch Nant yr Arian	Dafydd John Pritchard	94
Y crychydd	Donald Evans	96
Wennol fach	Nesta Wyn Jones	98
Drudws Aber	Aron Pritchard	100

Anifeiliaid

Yr afr fynydd	Ieuan Wyn	104
Un o ddefaid y Rhondda	Iwan Griffith	106
Y wiwer goch	Alan Llwyd	108
Y llwynog	R. Williams Parry	110
Draenog	Lowri Lloyd	112
Yr ystlum	I. D. Hooson	114

Y bod dynol a natur

Yr heliwr	Iorwerth C. Peate	118
Moliant i'r amaethwr	Geraint Bowen	120
Pulpud Huw Llwyd	Llio Maddocks	122
Gardd	Gwenallt	124
Hen weithfeydd	Rhydwen Williams	126
Siambr eco	Osian Rhys Jones	128
Gofod	Idris Reynolds	130
Archfarchnad	Philippa Gibson	132
Gwynt	Huw Meirion Edwards	134
Llonydd	Casia Wiliam	136
Ymddiheuriad	Tegwyn Pughe Jones	138
Yr un yw calon hael y ddaear hen	Alun Cilie	140
Cydnabyddiaethau		143

Cyflwyniad

Ers dyddiau plentyndod, yn fab fferm mewn ardal wledig, mi fu gogoniant y Greadigaeth a rhyfeddod byd natur yn agos iawn at fy nghalon. Felly, roedd y cais a dderbyniais i gasglu'r gyfrol hon ynghyd yn un amhosib ei wrthod. Yn llawn brwdfrydedd, mi es ati i ddechrau hel o'r cynhaeaf toreithiog o gerddi, ond buan iawn y sylweddolais i na fyddai lle i'w hanner nhw yn y gadlas, heb sôn am y sgubor! Pa rai felly i'w cynnwys? A pha rai i'w hepgor? Canlyniad y ddilema honno ydy'r casgliad hwn.

Wrth ddewis, roeddwn am gynnwys cerddi sy'n adlewyrchu'r byd natur o'n cwmpas drwy ein profiad Cymreig. Mi welwch hynny yn fy newis o rywogaethau a'u cynefin. Ond hefyd, o ran cynllun a chynnwys y gyfrol, roeddwn am geisio rhoi drych cynnil o ryfeddod y Greadigaeth ac esblygiad bywyd ar y Ddaear, a'i berthynas â'r ddynoliaeth heddiw.

At hyn roeddwn am gael amrywiaeth fydd yn apelio at bob oedran. Mae ynddi dros ganrif o farddoniaeth goeth, o gyfnod y 'canu Rhamantaidd' darluniadol, gan feirdd fel R. Williams Parry ac I. D. Hooson, i'r cyfnod presennol â'i ddehongli mwy delweddol ac annisgwyl. Mae rhai o'r 'clasuron' yma, ond hefyd rai llai adnabyddus hwyrach, ynghyd â choflaid o gerddi newydd gan do presennol o feirdd, sy'n cyffwrdd â themâu cyfoes, fel y bygythiad i'r blaned oherwydd llygredd a chynhesu byd-eang. Cawn brofi rhyfeddod a chariad y bod dynol at wyrthiau natur, a'i esgeulustod blysig hefyd. Gwelwn greulondeb natur yn ogystal â'i harddwch, a rhywogaethau sy'n wynebu amgylchiadau anodd, a sylweddolwn fod ein cymeriad ninnau i'w weld yn y bywyd o'n cwmpas. At hyn, ceir amrywiaeth bwriadol o fesurau, ac amrywiaeth daearyddol drwy'r dewis o feirdd a lluniau!

Carwn ddiolch o galon i'r beirdd fu mor barod i ateb yr alwad am gerdd newydd am bwnc penodol, ac i dynwyr lluniau medrus am ddal yr eiliad imi, i'w roi yng ngofal dylunio dychmygus Tanwen Haf. A mawr fy ngwerthfawrogiad i Alaw Mai Edwards am ei llywio golygyddol meistrolgar ac annwyl.

Rwy'n hyderus y cewch chi fwynhad yn myfyrio dros y cerddi, gan oedi yr un pryd dros y lluniau arbennig sy'n gymar i'w cynnwys. Mae'r briodas rhwng cerdd a llun weithiau yn creu cyfuniad sy'n dyrchafu'r ddau, a heb os, mae enghreifftiau felly yn y gyfrol hon. Oes, mae lluniau mewn barddoniaeth, ac mae barddoniaeth hefyd mewn lluniau.

> A welo'r gwynt pan sigla'r gwair
> A welo lun pan glywo air.

RHYS DAFIS

Y mae'r mawrion heddiw'n gwybod
    maint y lloer a rhif y tywod,
ac yn profi â'u gwybodaeth
    o ba beth y gwnaethpwyd hiraeth.

Ond ar draethell rhwng dau olau
    a'r nos yn llithro ar frig y tonnau
cyll y call, a gŵyr y gwirion
    bod llanw'r môr mewn cregyn gweigion.

IWAN LLWYD

YN Y DECHREUAD ...

*Gwawr deg
y greadigaeth*

Harddwch

*'Dywedwn yn bendant mai un gwasanaeth mawr y mae gwyddoniaeth
wedi ei wneuthur i ddyn yw rhoddi iddo syniad mwy urddasol am Dduw.'
– J. A. Thomson*

Os gwawria'r diwrnod
y llwydda'r ffisegwr i roi darnau'r
pos yn eu lle i esbonio'r cread,

ac os daw iddo'r fflach
i ddatrys cyfrinach fawr ei ynni
ac i gael un ateb
i ddirgelion natur,

bydd llyfnder petal i'r hafaliad
a glendid twf y lili'n
y tegwch mathemategol
yn egluro deddf fel golau'r dydd.

A bydd gorfoledd hedd haf
wedi'r storm pan â'r fformwla
â'n gwynt gan mor syml yw gwaith
Ei ddwy law Ef,
fel glaw ar ddail ifanc.

EMRYS ROBERTS

Gwawr

A'r Bod Mawr, heb oedi mwy
ar ei waith, greodd drothwy,
rhoi i linell bell ei bod,
a'i henwi'n 'derfyn hynod' –
'hynod' cans er ei hanes,
er yr hen wrid a'r hen wres,
mor hen â'r marw'i hunan,
ynddi hi rhoed geni'r gân.

Ac am ei bod, cawn, gan bwyll,
weld gorffen, ni dlawd gorffwyll,
y t'wyllwch tost. Gwyddost, gwn:
mae'i haddo. Felly meiddiwn
at hen riniog coprog cudd
ei golau, mynd 'da'n gilydd
i dir neb ffoadur nos.
Daw ei hawr, ond rhaid aros …

Sefyll, a'r gwyll yn gollwng
i'w rhwyg, nes dod y darn rhwng,
yna mentro i ffeindio'r ffin,
troi, camu i'r tir comin,
ac o linell goleuni
cael dydd sy'n newydd i ni.

A'r hwyr a fu. Mae'n awr fach
y bore a'i chân burach,
mae'n amser sgeintio'i phersawr
hyd y lle. Wele! Mae'n wawr!

MERERID HOPWOOD

Ar hyd y nos

Holl amrantau'r sêr ddywedant
 ar hyd y nos;
'Dyma'r ffordd i fro gogoniant,'
 ar hyd y nos.
Golau arall yw tywyllwch
i arddangos gwir brydferthwch
teulu'r nefoedd mewn tawelwch
 ar hyd y nos.

CEIRIOG

Daw gwawr cyn sicred â gwyll …

NIA POWELL

Y môr

Diaros aros o hyd – wna'r hen fôr
    Yn ei 'fynd' disymud,
    Yn ei unfan o'r cynfyd
    Ac eto'n gyffro i gyd.

DIC JONES

Duw'r môr wrth grwydro marian – a rannodd
    Odre'i wenwisg sidan
    I dorri'n edau arian
    Ar wely oer creigiau'r lan.

ROLANT JONES, 'EWYN'

Dacw lygad cilwgus – hyd y gro'n
    Dagreua'n wylofus
    I'r hen fôr drywanu'i fys
    Brigwyn i'w ganol bregus.

DIC JONES, 'OGOF'

Y Grib Goch

Gwaedda –
ni chynhyrfi braidd y llethrau hyn,
rhaeadr y defaid maen,
y panig di-frys, di-fref,
y rhuthr pendramwnwgl, stond:
a fugeiliodd fynyddoedd iâ,
a wlanodd rhew ac eira a niwl,
a gneifiodd corwynt a storm
yng nglas y byd –
ni ddychryni'r rhain.

Gwaedda – tafla dy raff
(oni chipia'r gwynt dy edau o lais)
fil o droedfeddi crog
am gyrn y tarw-wyll sy â'i aruthr dwlc
rhyngot a'r dydd.

Gwaedda –
ni thâl geiriau yma:
onid doe y ganwyd hwy,
y baban-glebrwyd hwy
mewn ogof fan draw?

T. ROWLAND HUGHES

Yn ei dro daw'r copa'n draeth ...
MEIRION MACINTYRE HUWS

Afon

(detholiad)

Ynddi hi yn ddiwahân y naddwyd
Mynyddoedd yn fychan;
Llechi mawr yn llwch marian,
Creigiau'n mynd fel cregyn mân.

Melinydd drwy'r miliynau
Blynyddoedd oedd, cyn bod hau,
Am nad oedd y trum ond us,
Mynydd yn ddim ond manus!

Gaeaf a haf oriog fyd a'u heinioes
Ddinerth wrth y funud
Ond afon, fel rhwng deufyd,
Er yn hen, yr un o hyd.

GERALLT LLOYD OWEN

Enfys

Fe'i gwelaf ambell waith ar siwrnai hir
    mewn eiliad rhwng dau gwmwl uwch fy mhen,
ac anodd credu nad yw'r patrwm clir
    yn ddim ond sbectrwm lliwiau yn y nen;
pelydrau'r haul trwy ddŵr, a dyna i gyd,
    yn adlewyrchu golau wedi'r glaw,
ac wrth im geisio'i chyffwrdd, does dim byd
    ond gwawr amryliw'n llifo trwy fy llaw.
I mi mae hon yn fwy nag enfys dlos;
    mae'n weddi plentyn bach ar ddiwedd dydd;
mae'n atgof bod goleuni wedi'r nos,
    ac nad oes angen cyffwrdd fyth mewn ffydd;
mae'n dweud bod gwyrthiau bach yn dal i fod,
mae'n obaith bod 'na gariad eto i ddod.

MARI GEORGE

Siom

Pluen eira cariad
Yn disgyn yn dawel
A gorffwys
Ar gwarel fy nghalon.
Ffoli ar harddwch
Cynllun perffeithrwydd,
A theimlo rhyfeddod
Y we wen
Yn fy nenu.

Estyn yn frwd
I gyffwrdd â'r glendid,
Estyn i'w ddal
Ar gledr fy nghof,
I'w gadw
Gyda mi ...
Gafael,
A theimlo'r delfryd brau
Yn toddi'n ddeigryn.

MENNA THOMAS

Siôl oer o risial hiraeth . . .

Gwyrth

A minnau'n fachgennyn,
　　Fe ddysgais gan Mam
Fod dyfroedd bob amser
　　Yn diffodd fflam.

Ond yna, o 'ngwely,
　　Canfyddais yn syn
Tua'r gorllewin
　　Fod y môr ynghyn.

TÎM TALWRN Y BEIRDD FFOSTRASOL

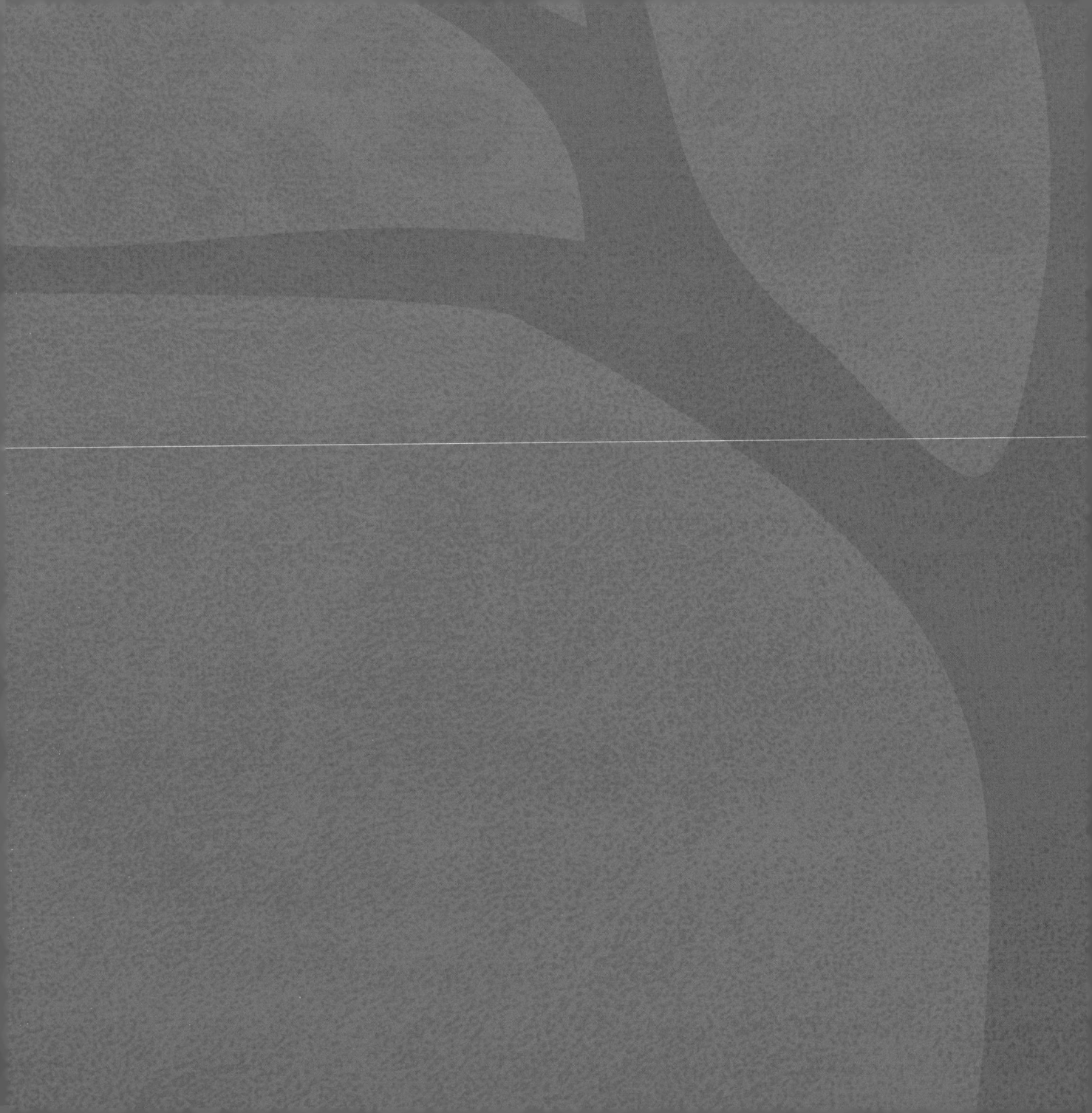

BYWYD YN Y DŴR

O fôr profiadau a fu llifeiria'n holl yfory.

ROBIN LLOYD JONES

Cregyn

O'i chuddfan, mewn hugan wen
yn y graig, tynnais gragen
ddaeth i draeth cyn bod yr un
osiad yn anian coesyn
gwelltog, na broga alltud,
i fentro o'r môr i'r tir mud.

A'r un gragen gaf heno
yn nŵr y traeth, wrth roi tro;
ei lliw a'i llun 'run ffunud
â'i chyfnither bore'r byd
er oesau dyfnderau du
eigionau eu gwahanu.

O na foed i go'r ddwy fach
allu rhannu'u cyfrinach;
er agor clo trysorau
dyfna'r ddaear i'n boddhau,
y trysor sut i oroesi
agor hwn ni allwn ni.

Rhoi i'n hawr ei mesur wna
seml einioes eu milenia;
yn ddi-nod, mi fyddan nhw
hyd lan 'mhell wedi i lanw
olchi ôl ein bodolaeth
dros dro, ar oesau o draeth.

RHYS HIRAETHOG

Gwymon

Storïwr oesol ein haberoedd ni,
    chwedleuwr crefftus ar bob glan a thraeth,
yn cludo'n ddyddiol ar y cerrynt cry'
    hanesion llyn a nant, heb angen iaith.
Fe ruthrwn am y don heb weld dy fod
    yn rhan o'r patrwm mwy; ni theimlwn ias
holl gymhlethdodau'r drefn a chylch y rhod
    o'r cwmwl gwyn a'r rhos i'r pyllau bas.
Nid tyfiant mud wyt ti mewn swnt a gro;
    gyfarwydd byw, mae gennyt ti dy gân
a honno'n hudo'r twyni ers cyn co'
    a'th fabinogi'n un â'r cregyn mân.
Mor hawdd y'n swynir ni gan lanw a thrai
heb glywed chwedlau'r tir dan donnau'r bae.

ANWEN PIERCE

Mewnlifiad

Bydd crancod yn bwrw eu cragen (cistan) wrth dyfu, gan fagu un newydd, sy'n feddal i ddechrau. Yr adeg honno, maen nhw'n brin o amddiffyniad, ac yn cuddio mewn tyllau rhag eu bwyta. Mae'r crancod coesgoch yn lledaenu a hawlio cynefin a llochesi y crancod cynhenid.

Roedd bywyd ddigon diddig,
  pob un yn byw i'r drefn,
rhai'n wan yn mynd yn 'sglyfaeth,
  a rhai a lletach cefn.

Pan ddeuai oriau peryg
  a chistiau'n feddal, frau,
yr oedd 'na dyllau'n noddfa
  rhag dannedd, i gryfhau.

Ond aeth y tyllau'n brinnach,
  a chrancod heglog glew
a hawliodd ein cynefin,
  a'u gafael oedd fel llew.

Ac fel y twyma'n dyfroedd
  yr heglog sydd yn bla
(ddim cymaint yn y gaeaf,
  ond heidiant yn yr ha').

Mae dyfroedd ein crencyndod
  yn eiddo'r coesau hir,
ac anodd gweld dychwelyd
  fyth eto i'r dŵr clir.

HUW ERITH

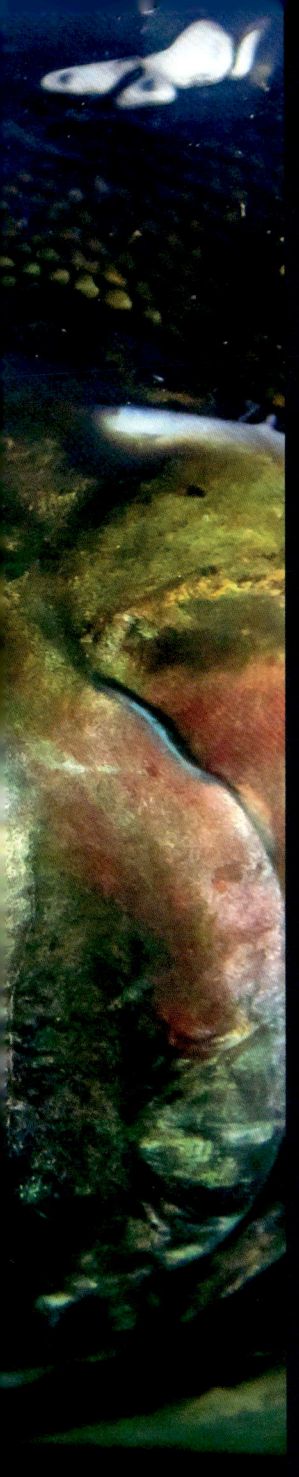

O'r geulan

Eog Llyn Llyw yw'r hynaf a'r doethaf o'r 'Anifeiliaid Hynaf' a nodir yn chwedl Culhwch ac Olwen. Credir bod Llyn Llyw ym mhen-llanw aber yr afon Hafren. Mae'r Brenin Arthur yn helpu Culhwch i ryddhau Mabon fab Modron o Gastell Caerloyw, drwy ymosod ar furiau'r castell liw nos, tra bod yr Eog yn cludo'r marchogion, Cei a Bedwyr, yn ddirgel ar ei gefn i fyny'r afon Hafren at y tŵr. Ym myd y Celtiaid, cysylltid yr eog yn gyson â gwybodaeth a doethineb.

Ni ddaw cyfarwydd yma i adrodd stori,
   ni cheir cywyddwr strae ar lawr y llys,
nid oes un eryr ar y graig yn gori,
   na neb ar ôl o waed yr Arglwydd Rhys.
Diflannodd hud a lledrith bro Pryderi
   a cholli'r grym wnaeth Ysbaddaden Gawr,
y deunaw gŵr sy'n gelain ger Cilmeri
   ac mae'r Dref Wen yn rhan o Loegr nawr.
Mae cof ein pobol erbyn hyn yn mallu,
   heb wybod am y chwedlau gynt a'n gwnaeth,
a llesgedd henaint bellach sy'n ein dallu
   i wyrth y tonnau'n torri ar y traeth,
ond yn yr hwyr pan fydd y dŵr yn drwbwl
bydd eog yn Llyn Llyw yn cofio'r cwbwl.

IDRIS REYNOLDS

Morloi bach Porth Maen Melyn

Ar dir rhwng y llwybr a'r don,
ar waelod clogwyn creulon,
mae traeth diogel lle gwelwn,
o'r dibyn dihunlun hwn,
gerrig beddi gwynna'r bae
yn gorwedd am y gorau.

Yn sŵn udo'r henfro hon,
man geni'r meini gwynion,
mae tywod hydref hefyd
yn fydwraig a'r graig yn grud.
Fan hyn mae'u meithrinfa nhw
o gyrraedd y byd garw.

Mae'u mamau hwythau, er hyn,
yn eu gadael ac wedyn
mae'n rhaid i'r meini rodio
a throi'n forloi, troi'n eu tro
o'r gro neu beidio â bod;
ie, dianc neu droi'n dywod.

CERI WYN JONES

Llynnoedd Teifi

Fy arian oll fe'i rhown i'n
ufudd am lynnoedd Teifi.
Am eiliad dwym o heulwen
a lein hir a phluen wen,
a chysgod o bysgodyn
o dan rudd llonydd y llyn.

Ond i'r dŵr a'r dyfnder du
fy hiraeth sy'n diferu.
O dir mawn fel dŵr mynydd;
diferion surion o sudd.
A lle roedd llynnoedd mae llid
o gleisiau y glaw asid.

GWENALLT LLWYD IFAN

COEDYDD A FFWNG

*I bren gael nerth i barhau,
mae i ddail eu meddyliau.*

Gwyn fyd y griafolen

Llwybr fel rhwyg drwy'r rhedyn
sy'n cychwyn am ben y bryn:
deuwn at greigle wedyn.

Gwyn fyd y griafolen
a dyf wrth fôn y graig wen:
hi yw goleuni'r gefnen.

Uwch galar y ddaear ddig
hi fyn fyw yno'n unig
ei bywyd deoledig.

Ac yn eu pryd daw'r aeron
disgleirgoch ar gangau hon;
'run lliw â gwaed y galon.

ALUN LLYWELYN-WILLIAMS

Cnau cyll

Agorais gledr fy llaw a'u datgelu.
Roedd yna adeg y gallai ddangos
plisg y cnau ym môn y gwrych i mi
ac fel Miss Marple
ddatgan â sicrwydd
pa anifail fu yno'n gwledda.
'Gwiwerod yn eu hollti,
llygod â'u tyllau crynion.'
Mae'n cofio.
Ond pa fath o lygoden
wnaeth pa fath o dwll?
Mae hynny, ynghyd â'n henwau ni,
wedi mynd dros gof.
Ac 'wn innau ddim chwaith
be yn union suddodd ei ddannedd
ynddi hi,
a'i gadael yn blisgyn cau
lle bu cynffon oen bach unwaith
yn felyn.

SIAN NORTHEY

Cof y dail

Anadl mewn . . . anadl mas
fu curiad hoedl y goedlan
o lwyn gwanwyn ei geni;
ei hanadlu hi, mor dawel yw;
trwy roi'n taw ar ein tywydd clwc, fe'i clywn.

Ond i rywrai ddaw ar dir y ddôl,
nid curiad clywadwy mohono;
iddyn nhw, mynwent ddienaid sydd yno;
dim ond man ble y myn eu defaid,
heb esgyll emyn na defod,
gardod gwair, mor barod i'w bori
ag yw natur flysig y cigydd
am waed hyrddod o weddwdod ei ladd-dy.

Ond y mae, o hyd, yma i mi, gysur
yng nghuriad anadliad coedlan,
a gymerodd gof digymar o hardd i'w gofal;
diolchaf am fod ffawydden a derwen,
yn anadl eu dail, yn gofadail i fardd.

Ond am mai yno y dymunai gilio o'n golwg,
ei wâl, nis datgelaf.

JIM PARC NEST

Y pin

Llonydd yw llyn y nos yn y cwm,
Yn ei gafn di-wynt;
Cwsg Orïon a'r Ddraig ar ei wyneb plwm,
Araf y cyfyd y lloer a nofio'n gyntunus i'w hynt.

Wele'n awr ei dyrchafael,
Chwipyn pelydri dithau o'i blaen a phicell dy lam
O fôn i frig dan ei thrafael
Yn ymsaethu i galon y gwyll fel Cannwyll y Pasg dan ei fflam:

Ust, saif y nos o'th gylch yn y gangell glaear
Ac afrlladen nef yn croesi â'i bendith y ddaear.

SAUNDERS LEWIS

Madarch

O dir hudol mytholeg
y Twrch Trwyth a'r Tylwyth Teg
dod y maent, o'r isfyd mall,
y daearol fyd arall,
â'u hiasol ymddangosiad
yn y gwlith ar lawr ein gwlad.

Ond nid cylchfan bwganiaeth
liw nos, stôl coblyn, neu waeth
yw'r rhain. Profwch gyfrinach
bwyd llesol y bobol bach;
mae amryw, yn amrywiaeth
eu llun a'u maint, yn llawn maeth.

A blas! Y siantrel melyn,
oes eu gwell? Neu'r wystrys gwyn
â'r draenog a'r melog mâl
yn saws, a hwnnw'n sisial
wedi'i roi ar blât yn drwch
digywilydd. Ond gwyliwch …

rhag ofn cael pryd o'r rhai gwig
â'u delwi seicedelig …
rhag blysio'r capiau corrach,
mwynhau rhith menyn y wrach;
a'ch dwyn i wlad ofnadwy
gan gaws llyffant plant y plwy!

Pan fydd Hydref yn efydd,
cofiwch hyn ar derfyn dydd –
mai o Annwn mae enwau
ffrwyth y tir rhwng gwir a gau;
mynnu parch mae'r fadarchen,
ac nid eich gwg, ond eich gwên.

Y COBLYN BACH A'R PWCA DRWG

O'r dderwen wyf fesen fach ...

GERALLT LLOYD OWEN

Derwen

Onid tynged fendigedig y fach
   a fu'n ddirmygedig
   yw dod i warchod y wig
   ag ysgwyddau gosgeiddig?

Holl heglog gyhyrog gewri y wig
   gwrogaeth rônt iddi
   gan geined, hardded hyhi,
   mor hoywdeg ei mawrhydi.

T. ARFON WILLIAMS

BLODAU A LLWYNI

Heb law Duw,

nid blodeuyn ...

GERALLT LLOYD OWEN

Eirlys

Ymwêl angylion
　Â'r ddaear o hyd,
A'u gynau'n wynnach
　Gan mor goch yw'r byd.

Ond angylion ydynt
　Â'u pennau i lawr,
Fel pe'n cywilyddio
　Am ei gochni mawr.

TOM PARRI JONES

Y fanhadlen

Y fanhadlen ysblennydd, – unbennes
　　Ein bannau a'n moelydd:
　Ei gwrid aur fel gwawr y dydd
　A'i gwallt yn tanio'r gelltydd.

THOMAS DAVIES

N'ad fi'n ango'

Mabwysiadwyd Myosotis yn ddiweddar yn symbol ar gyfer clefyd Alzheimer a dementia.

Fis Ebrill, a'n gardd yn llawn ohono,
ffrwydriadau myrdd o'i sêr bach saffir
trwy'r gwyrddni, gwylltni'r borderi:
n'ad fi'n ango'.

Gwyliais y *tesserae* mân yn uno
'n gwmwl asur, mosäig astrus Mai
dan ddrysni sbrigau'r llwyn:
n'ad fi'n ango'.

Storm dros nos: petalau'n bâl o
deilchion sydyn dros y pridd
fel llestri gleision Mam ar chwâl –
n'ad fi'n ango'.

A'r gweddill bellach wedi gwywo,
mae'r had eironig rywle yn y drâr
dan bwysau bratiau bwriadau rhad
heb eu cwiro.

CHRISTINE JAMES

Grug

Tlws eu tw', liaws tawel, – gemau teg
    Gwmwd haul ac awel,
  Crog glychau'r creigle uchel,
  Fflur y main, ffiolau'r mêl.

EIFION WYN

Trwy Awst y mae'r hud drostynt – yn fy nwyn
    I fwynhau trem arnynt:
  Gloyw eu gwedd er glaw a gwynt,
  Dagrau gwaed y graig ydynt.

WILLIAM MORRIS

'O ddeutu hon'

Ambell sbrigyn rof finnau
ar y maen a'r glaw'n trymhau,
dodi heddiw nodwyddau

gwyrdd, atgofus yn dusw
ar gur o garreg arw;
rhyw dorch gyndyn ydyn nhw.

Chwerwfelys, mwythus eu min,
gwynt pêr ond brathiad gerwin,
anafwyd hen gynefin.

Maen gwastad ansad yw'n awr
ac yno, ar graig Ionawr,
y mae arswyd ym mhersawr

y deiliach crin. Ffrae finiog
yn cydio'n eu bôn coediog,
y cof yn codi cyfog …

Yn ôl o draeth anwylyn
dof i â 'mwnsiad, fy hun,
a rhwyg yn llond pob sbrigyn.

ANNES GLYNN

Lili'r Wyddfa

Heddiw mae hon â'i gwreiddiau yn gafael
yn hen gof y creigiau,
ac uwchben y frwynen frau
fy hun a welaf innau.

TUDUR DYLAN JONES

PRYFETACH

Er mor eiddil yw chwilen,
yn ei phryd traidd faen a phren.

DAFYDD WILLIAMS

Y pry cop

Ei we mor fain â'r awel, – ond er hyn
    Mae ei droed yn ddiogel,
  A'i gampau ar furiau fel
  Tensing ar reffyn tinsel.

GERALLT LLOYD OWEN

Gwe'r pry cop

Hyfryd yw gweled ei hofran herciog;
    mae fel barcut tegan
  i mi, ond i'r pryfed mân
  arswydus yw'r we sidan.

T. ARFON WILLIAMS

Glöyn byw

Yr ysgafnder trwsgwl
a'r hedfan pendramwnwgl
cyn glanio'n dyner,
ac esmwytho'r awyr
â'th gynfasau bychain, cain.

Yr eiliadau o ryfeddu.

Ond rwy'n ysu
i'th weld yn codi eto,
am mai ym mlerwch
perffaith dy hediad
mae adlewyrchiad
di-drefn fy mhlant,
a'u hysgafnder trwsgwl
yn hedfan yn bendramwnwgl i'r byd.

ANNI LLŶN

Morgrugyn

Ar y graig, hei, forgrugyn! Er mor fach,
    her mor fawr sy'n d'erbyn.
    Weli di dy hewl dy hun?
    Weli di dy wlad wedyn?

Gwyliaf y map ag ôl fy mys. I mi
    mae i'w weld mor astrus
    â'r sêr, a thi'n hyderus
trwy dir y fro'n troedio ar frys.

Hel deilen yn ôl yw d'alwad, a'i dwyn
    fesul darn yw'r bwriad;
    dilyn dy lôn hyd y wlad
heb unwaith gael esboniad.

Ai gwylio unigolyn ydw i,
    neu un darn o gynllun?
    Ai fi dan fy mys fy hun
ar y graig yw'r morgrugyn?

IWAN RHYS

Atgyfodiad y pry lludw

Craffais. Gwgais. Yng nghornel y gegin,
i mewn yn y tŷ, roedd pry maint ewin:
pry go hy, wrth fy oerwr gwin, yn warth
ar fy nheils dilychwin;
un hyll, wedi ffoi o'r hin i'r llawr braf,
a'r hen gnaf am ei droi'n gynefin.

Rhegais. Damiais. Mewn tipyn o dymer –
wel, y rhyfyg! – es i nôl yr hwfer.
(Pan fydd isio clirio clêr, dewisaf
y Dyson bob amser.)
'Sori'r pry, *but say your prayer*,' oedd fy llef.
'I dy nef fe gei fynd yn ofer!'

I ddu 'mheiriant, fe saethodd, a marw.
(A doedd dim galar, na chrio'n arw.)
Y pwtyn trychfil pitw, y pwdwr
arthropodyn salw'n
sydyn, yn un â'i enw, a sugnwyd
i'w fory llwyd. Roedd efo'r lludw.

O'r ffrij, i'r goncwest, codais lwncdestun,
ond byr ac ansad fyddai dathliad dyn.
Rhywfodd, cerddodd y pryfyn yn ei ôl
mewn awr, ffrind i'w ganlyn,
gan nodio datgan wedyn y sgôr im:
i'r heriwr, Rhys, dim. I'r pry wast, un.

RHYS IORWERTH

Gwenyn

O rywle, dôn drwy'r heulwen, yn niwsans,
　　yn ysu rownd cacen,
　a'u sŵn drôn yn pigo'n pen.
　Angof yw bod eu hangen.

MANON AWST

Heb fêl-lodes, heb flodau ...

ADAR

*Gwyn eu byd
yr adar gwylltion ...*

Diofal yw'r aderyn ...

Diofal yw'r aderyn,
 Ni hau, ni fed un gronyn,
Heb ddim gofal yn y byd
 Ond canu hyd y flwyddyn.

Fe eistedd ar y gangen,
 Gan edrych ar ei aden
Heb un geiniog yn ei god,
 Yn llywio a bod yn llawen.

ANHYSBYS

Gwaith

Mae yma eto heddiw rhwng y dail,
   llond pig o fwsog a rhyw snwff o wlân,
saernïo'i gynllun syml, gosod sail,
   cyn aros rhwng dwy shifft – rhoi pwt o gân;
mae'n cychwyn eto ar ei hwb a'i naid
   i dyrchu yn y pridd am sment i ddal
muriau ei nyth yn gadarn fel sy raid.
   O'm ffenest, trof yn ôl i'm pedair wal,
â'r sgrin yn mynnu sylw fel o hyd,
   rhof air ar air fan hyn, strategaeth draw,
fel taswn innau'n bensaer newid byd
   a holl sgaffaldiau'r cread yn fy llaw.
Daw yntau at y gwydr, pen ar dro,
cyn troi i orffen gosod brigau'r to.

HAF LLEWELYN

I'r ceiliog du o Goed-y-Bryn

(detholiad)

Canaf i gerdd ddihafal
Deryn Du mewn derwen dal.
O'r llwyn pa gywair llonnach
Na'i aur bib ben bore bach?

Hardded yn nhymor irddail
Byls ei diwn o blas y dail;
Lluniwr mawl fel llanw'r môr
I'r dduwies sy' ar ddeor.

Ple ceir mwynach, coethach cainc
Na'i awdl ef rhwng dail ifainc?
Draw'n y gwŷdd yng nghyfddydd ha'
Geilw'r wawr â'i glir aria.

Dyry ei alaw lawen,
Geriwb yr allt, o'i gaer bren;
Teilwng o'r llwyfan talaf
Ei gerdd o, Garuso'r haf.

T. LLEW JONES

Y gnocell frith fwyaf

Ai bys yw'n curo pob sill – o'i eiddo,
    Gynganeddwr seithsill,
  Neu ai bardd yn llunio'i bill,
  Naddwr pin, nyddwr pennill?

Y saer bach prysur ei ben, – arwerthwr
    Wrthi'n taro bargen;
  Wybedwr, ai'r bioden
  Biau'r wisg eiddot ar bren?

Ond daeth yng ngwig y brigau, – a'i ergyd
    Fel pe'n argoel angau,
  Rhyw ias fain drosof finnau,
  A chnoc hwn fel arch yn cau.

Ar gaead arch, ergyd yw, – a hoeliwr
    Ein holaf siwt ydyw,
  Saer bach sinistr ein distryw,
  Eiliwr eirch y ddynol-ryw.

ALAN LLWYD

Bwlch Nant yr Arian

Dewch blant: ym Mwlch
Nant yr Arian

mae'n amser eto
i fwydo'r barcutiaid.

Welwch chi mo'r llygaid
sy'n gynefin â lladd,

maen nhw'n rhy fychan;
go brin y sylwch chi

ar fforch y gynffon
wrth iddynt oedi,

am ennyd, fer, hir
yn rhy uchel; chlywch chi mo'r

galon fach gan sŵn y
gwynt a'r siarad, a chan

glep gyson drysau'r
holl geir.

Ond, dewch blant,
mae yma harddwch

sy'n gyfarwydd
â gwaed.

DAFYDD JOHN PRITCHARD

Y crychydd

Un nos o Awst, gwelais i – ysbryd llaes
    O bryd llwyd yn codi
      O'r afon, gan ymdonni
      Yn hir a lleddf gyda'r lli.

Hwyliodd i lawr y geulan – i'w chwilio
    Fel drychiolaeth syfrdan,
      A'i gorff o adenydd gwan
      Yn adfyw, rhith yn hedfan.

Hedeg yn anghyffredin, – yn hollol
    Allan o'i gynefin
      Heibio â'i lwyth o gorff blin
      Yn ei odrwydd anhydrin.

Yna suddodd, gan doddi – i'r afon
    Yn rhyfedd, dihoeni
      Mor ddi-lun yn un â hi,
      O'i ludded yn ôl iddi.

Ei hen ystum difwstwr – yn gwelwi
    I'r geulan a'r llifddwr,
      Ac yno yn ddigynnwr'
      Ymdroi'n ddim, deryn o ddŵr.

A safodd yno'n llonydd – yn y rhyd,
    Rhyw oedi'n dragywydd
      Yn rhan o'r dŵr, un â'r dydd
      Yn enaid y torlennydd.

DONALD EVANS

Wennol fach

Wennol fach sydd yn ffarwelio
Mynd ar aden isel heibio,
A than ewin gwan o leuad
Mynd a wnaeth fy annwyl gariad.

Fe ddaw'r wennol yma eto
Nôl i'w nyth o dan y bondo,
A bydd rhes o bigau'n llydan,
Minnau yma wrthyf f'hunan.

Dysgu'r cywion sut i hedfan
Dros y cefnfor gloyw, arian –
Fe ddaw dydd eu llon ddychwelyd,
Ond ni welaf byth f'anwylyd.

NESTA WYN JONES

Drudws Aber

I'r un awyr o'r newydd,
ger y don, lle gwyra'r dydd
i'w liw nos, chwyrlïo'n haid
yn ystwyth wna'r artistiaid;
twrw mawr o batrwm ŷnt,
stribedi'n strobio ydynt.

Rhwng yr heli a'r pier
eith hi'n sioe, a hwythau'n sêr
uwch y traeth mewn cylchau tro
yn selog, cyn noswylio'n
eu toreth, yn bleth o blu
niferus. Tan yfory.

ARON PRITCHARD

ANIFEILIAID

Da gan eifr yw cerdded creigiau,
Da gan ddefaid foncyn golau,
Da gan wiwer gnau i'w torri,
Da gan Sionyn am ei Siani.

Yr afr fynydd

Mae'r Waun Gron, Castell y Gwynt a Chastell y Geifr uwchlaw Cwm Idwal yn Eryri yn rhan o gynefin dros gant a hanner o eifr mynydd.

Hen ei hanes, arglwyddes y glog,
A hi piau nawdd y copaon hyn.

Sicr ei choes, cywir ei cham,
Yn gry' ei llam dros y grug a'r llus;
Mor ddi-sigl ei charn ar y garnedd,
Mor heini ar y meini miniog
A gro mân esgeiriau'r mynydd.

Â'r awel ar y rhiwiau,
Byw'r hafau iach ar y borfa uchel
Y bydd hi, ac wedi ymbesgi,
Ei byd yw gorwedd mewn gweiriau
Ac aros yn y gwres yn y Waun Gron
Yn ddiogel-dawel ei dydd.

Â'r rhewynt ar y rhiwiau
A throedio'n her â'r llethrau dan eira,
Hi yw merch y lluwch ym mraich y llechwedd
A hafnau dyfnion agennau'r clogwyni,
Yn daer ei gafael drwy'r gerwinder gaeafol.

Uwchlaw, yn yr uchel-leoedd,
Draw ar y drum, hyd rimyn y grib grog,
Mae hi, â'i myn yn dilyn yn dalog,
Ar ei hynt o Gastell y Gwynt i Gastell y Geifr,
Yn ffyddlon i'r copaon pell.

IEUAN WYN

Un o ddefaid y Rhondda

(detholiad)

Magwyd hon yn y Rhondda: – hi droedia
    Trwy'r strydoedd i browla;
  Eofn ddafad fyn ddifa,
  Yn llwyr iawn, bob peth lle'r â.

Gall grwydro'n saff drwy'r holl draffig – a'i ferw,
    Fyharen ffantastig!
  O'r twrw mawr, troi am orig
  At berthi i brofi eu brig.

Sbwriel pwcedi sbarion; – hwn o'r bin
    Yw'r bwyd a'i gwna'n fodlon.
  O'r 'nialwch blasu'r neilon,
  Hen frat, neu damaid o frôn.

Pob deilen werdd o'r gerddi; – y riwbob
    Oll a reibir ganddi;
  Trwy y berth try i borthi;
  Nid oes wal i'w hatal hi.

IEUAN GRIFFITH

Y wiwer goch

A welsoch chwi ei cholsyn – yn y gwŷdd,
    Mellten goch or-sydyn,
  Mor eirias â marworyn
  Yn gor-wau ger brigau'r ynn?

Rhyw bwten acrobatig, – rhy dro pert
    Ar drapîs cuddiedig;
  Dart ysgafndroed y goedwig,
  Chwaer y mellt yn chwarae mig!

Llach ydyw a llucheden, – a chybydd
    Gyda choban gymen;
  Seren wib yn croesi'r nen,
  A gwylliad coch y gollen.

Un ddifai'n casglu'n ddyfal – bob cneuen,
    Wreichionen, i'w chynnal;
  Ar y brig yn fflam wamal
  Onid yw'n anodd ei dal?

Â gwib daer, ai d'ysgub di – i lanhau
    Dy lwyn hen a lusgi
  O'th ôl? Mor hawdd yw holi
  Ai comed, tybed, wyt ti?

ALAN LLWYD

Y llwynog

Ganllath o gopa'r mynydd, pan oedd clych
    Eglwysi'r llethrau'n gwahodd tua'r llan,
Ac anhreuliedig haul Gorffennaf gwych
    Yn gwahodd tua'r mynydd – yn y fan,
Ar ddiarwybod droed a distaw duth,
    Llwybreiddiodd ei ryfeddod prin o'n blaen;
Ninnau heb ysgog a heb ynom chwyth
    Barlyswyd ennyd; megis trindod faen
Y safem, pan ar ganol diofal gam
    Syfrdan y safodd yntau, ac uwchlaw
Ei untroed oediog dwy sefydlog fflam
    Ei lygaid arnom. Yna heb frys na braw
Llithrodd ei flewyn cringoch dros y grib;
Digwyddodd, darfu, megis seren wib.

R. WILLIAMS PARRY

Draenog

Â'r cloc yn taro toc cyn te
rwy'n ei barcio'n hunanfodlon, hy
yn belen bigog i'r criw dethol
fesul un ei ddifa.

Yn driw, a'r un mor ddiofal,
mae'r pinafalau a'r selsig yn troi'n galennig gwag,
a chaws yn llochesu'n gawdel dan gadach.

Mewn dim o dro, mae'r fintai lon ar ffo,
a minnau'n sgubo i sachau duon
y gwaywffyn llesg wedi'r drin
gan friwsioni blwyddyn arall trwy 'mysedd …

Ac yna, caf fy hudo fel barcud at y llenni,
heibio'r llanast, i fod yn rhan o'i daith.
Saif yno'n simsan,
eisoes wedi croesi'r lawnt,
ar ddibyn palmant ffawd,
heb edrych i'r dde nac i'r chwith
â'i olygon ar orwel nas gwelaf i.

Ond dianc wnaiff yntau hefyd,
i'w benllanw di-droi'n-ôl ei hun.

LOWRI LLOYD

Yr ystlum

Creadur y nos a'r cysgodion,
    Pererin yr oriau di-stŵr,
Dy annedd yng nghonglau dilewyrch
    Ac oerllwm y murddun a'r tŵr;
Dy enw yn destun gwaradwydd,
    Yn druan a thrwsgwl dy ddull,
Ni fedri na cherdded na chropian,
    Ond gwibio yn orffwyll drwy'r gwyll.

Creawdwr yr eryr a'r alarch,
    A Lluniwr y llewpart a'i ryw,
A roddodd i tithau dy ddelw
    A'th drwydded fel hwythau i fyw.
Pan fritho Ei sêr y ffurfafen,
    Pan ddringo Ei leuad i'r nen,
'Rwyt tithau ymhlith y rhifedi
    Sy'n dwyn Ei fwriadau i ben.

I. D. HOOSON

Y BOD DYNOL A NATUR

Anifail gŵr, fel ei gi,
anifail er ei ddofi ...

Yr heliwr

I ti mae'r dyddiau llwyd yn llon,
mae lliwiau hud ar byst y glaw
ac utgorn gan y gwynt di-daw
a'th heria, wron bach, i'r fron.

Ar herw rhwng y llwyni llwm
i ladd dy fleiddiaid dig a'th lew
yr ei di ymysg d'osgorddlu glew,
a sŵn dy chwerthin trwy'r holl gwm.

Dos di, a threchu pob rhyw gawr
a lladd pob llew a dal pob blaidd
heb it ddiffygio dim: ni thraidd
llwydni'r hen fyd i'th antur fawr.

Dos, tra bo hael dy hoen a'th nwyd,
cyn pallu o nwyf d'anturiaeth iach.
Fe weli dithau, 'r heliwr bach,
Y dydd pan fyddo'r llon yn llwyd.

IORWERTH C. PEATE

Moliant i'r amaethwr

(detholiad)

Ac ef yw'r neb o'i febyd – fu'n gymar
    I'r ddaear werdd, ddiwyd;
  Y gŵr a arddo'r gweryd,
  A heuo faes, gwyn ei fyd.

Law a thes, clywch sŵn tresi! – Daw'r aradr
    Gyda'r hwyr o'r cwysi;
  Gwêl linell ei hasgell hi,
  A brain, lle'r oedd tinbrenni!

Roedd bronnydd gwyrdd y bryniau – hyd orwel
    Yn dawel, a diau,
  Lle bu'r og, a lle bu'r hau,
  Dôi'r oed i dorri'r ydau.

Trin ef fraenar tirion fronnydd, – cywain
    O'r caeau a'r meysydd;
  A llunio, mewn llawenydd,
  A chodi'i deisi liw dydd.

GERAINT BOWEN

Pulpud Huw Llwyd

Roedd Huw Llwyd o Gynfal (c.1568–c.1630) yn gymeriad rhyfeddol os nad dewiniol. Yn ôl yr hanesion, yn ogystal â milwr dawnus, roedd yn fardd a thelynor, yn seryddwr ac alcemydd, ac yn bregethwr grymus â'r ddawn i wared ysbrydion drwg. Dôi pobl o bell ac agos i geunant Cynfal i'w glywed yn taranu o ben y graig uchel yng nghanol yr afon, sef 'Pulpud Huw Llwyd'.

Neithiwr, dechreuais bregethu,
y geiriau'n tymblo o fy ngheg
fel dŵr. A thithau'n deud:
'Dos am dro,
dos am awyr iach myn diân i,
cyn i ti ffrwydro.'

Am unwaith, gwrandewais arnat,
gan ddilyn yr hen lôn drên drwy'r drain,
heibio hen dŷ Nain, a'r capel.
Heibio Clogwyn Brith,
Tŷ Coch, a Thyddyn Merched,
lle bûm yn hel llus gyda thi un tro,
dan ganopi'r dderwen a drwy'r erwain
at Afon Cynfal.

Yno, o flaen llenni o ddŵr, safai'r pulpud.
Hoffwn innau sefyll arno a chonsurio
holl ysbrydion ein llên.
Ydi gwaed Gronw yn y dŵr hwn?
Ydi ei hysbryd hithau
yn hedfan o fy nghwmpas?
Ai dyna pam fy mod i mor wrachaidd heno?

Mae'r pulpud yn dawel ymysg sgrech y dŵr.
Yma rwyf innau, ferch y blodau'n ffrwydro
ac mae fy nhymer yn rhaeadru ohonof
i lawr y dyffryn,
gyda'r dŵr.

LLIO MADDOCKS

Gardd

Fe ddwg y Gwanwyn ei galedwaith a'i chwys
    A bydd raid crymu'r cefn fel torch;
A'r bwyd caneri, cwt-y-cadno a dant y llew,
    Yn dreth ar amynedd caib a fforch.

Byddwn yn gwasgar yr ysbwriel ar hyd y rhych
    A thaenu'r tail ar ei ben o'r llwyth;
Gan ryfeddu at Natur â'i chynllun call
    O droi ei phydredd yn ddail a ffrwyth.

Wedi gorffen gardd, mor ddedwydd yw dyn
    Fel bardd wedi gorffen ei gân
Bydd y frwydr â Natur ystyfnig, swrth
    Yn goncwest o gymhendod glân.

Ond annoeth ydyw brysio canu corn,
    Canys bydd raid eilwaith grymu cefn,
Rhag i'r diffeithwch sydd o dan y pridd
    Dagu'r holl degwch drachefn.

GWENALLT

Heb ofal maith, diffaith dir,
Heb anwyldeb, anialdir.

MEDWYN JONES

Hen weithfeydd

(detholiad)

Doe, cyd-dynnodd cyhyrau'r coliar â chebl y weindar
er mwyn elw gŵr goludog;
llanwai gŵr a'i grwt y dram a rhoi afal i'r poni
cyn aros y gaets i grynu'n wallgo i fyny'r siafft.
Fflach! Nwy! Distawrwydd!
A'r hwteri yn cyhoeddi'r drasiedi i'r bryniau draw.

Bwnglerodd llawfeddygon diwydiant yma
gan adael eu swabiau a'u cyllyll
yn ddwfn yng nghlwyfau'r cwm;
madrodd y mynyddoedd, trodd galar gwerin
yn gangrîn yn yr haul mawr dig;
aeth rhai i'r carchar am ddimai dros ben i'r plant,
a dawnsiodd eraill eu gofidiau ymaith yn sŵn y gaswca a'r drwm.

Heddiw, estyn adenydd yn yr hesg fel breichiau mabolgampwyr
a bydd goresgynwyr newydd yn croesi'r ffurfafen amheus;
nytha iâr yr hesg eto ochr yn ochr â'r twrbin rhydlyd,
ymgolla'r dryw mewn miri lle y bu'r chwyldro'n boeth;
a lle yr ymledodd y tipiau, pyramidiau'r tlodion, gynt,
daw'r genhedlaeth newydd i arbrofi eu serch.

Ac yma a thraw,
olwynion a rheiliau'n ymsythu,
asennau hen hwlc hanesyddol
yn gwisgo trwsiad newyddaf yr haf,
eithin, grug, blodau'r sipsi a phabi coch yr ŷd,
fel pe bai gan y mynyddoedd hyn bethau i'w cuddio,
gormes doe i'w gelu rhag yfory.

RHYDWEN WILLIAMS

Siambr eco

Wrth i'r ddynoliaeth ddefnyddio adnoddau naturiol nes nad oes dim ar ôl, mae ein perthynas gyda diwydiant cloddio ar ffurf treftadaeth a diwylliant yn un gymhleth. Mae diwydiant wedi creu'r pethau hyn ond hefyd, oherwydd cynnydd, eu difa. Felly hefyd ddiwydiant y byd digidol a'r cyfryngau cymdeithasol wrth i bobl ddinistrio natur iaith a phob ystyr synhwyrol er mwyn creu dadleuon a siambrau eco. Mae deall hanes a dysgu ohono yn ormod o ymdrech. Cloddio metalau wnawn ni hefyd, wrth gwrs, i hwyluso hyn a chreu ffonau symudol a storio'n cofau cyfoes ar ddisgiau ac ati.

Agorwyd gwythïen y gair
nes bod sillafau yn ddu dan ewinedd
a llwch yr ymdrech yn llosgi
anadl pob gwant.

Oherwydd nad yw gleiniau'r gwaddodion
yn ddigon gloyw
na'u deunydd crai yn ddigon rhad
i storio cof yr oes hon
nid yw'n hymadroddion llanw ni
ond dyfeisiau sgrech o grombil ddoe,
siwrwd o hen wyddor
na ddeisyf neb bellach ei deall.

Ac am na fydd y gân fyth yn gyflawn
a bod wastad angen, ar rai,
sloganau newydd, rhad,
daw cloddwyr eraill at droed y mynydd
i hollti'i ystyr fel bargen newydd.

Heb weld nad oes dim, dim oll,
ar ôl ond chwarter craig
a phentref gwag heb iaith ond
curo, curo eco'r caib.

OSIAN RHYS JONES

Gofod

Cyn dyfod rhyfeddodau,
A sêr y nos awr yn iau,
Yr oedd yn nhroad y rhod
I'n criw ifanc ryw ofod
Diheol, heb oedolion,
Y tu hwnt i'r blaned hon.

Er yn hŷn mae'n seler ni
O hyd yn llawn rocedi,
A'r hen anian i'w tanio
Yno byth, a bydd tra bo
Dan Dare yn oedi'n y dyn
A'r *Eagle* yn yr hogyn.

IDRIS REYNOLDS

'Dim ond pan fydd y goeden olaf wedi ei thorri i lawr,
a'r pysgodyn olaf wedi ei fwyta,
a'r afon olaf wedi ei gwenwyno,
y gwnawn ni sylweddoli na allwn fwyta arian.'

DYWEDIAD GAN BENNAETH LLWYTH
Y NEHIYAWAK (CREE), CANADA, C.1820

Archfarchnad

O'r ddaear mynnwn gario – yn helaeth
   o'i thir hael gan lwytho
  bag 'r ôl bag hyd nes y bo
  ddigon i'r silffoedd wagio.

PHILIPPA GIBSON, 2020

Gwynt

Bu'r dre yn brwydro'r rhewynt,
Mynnu gwaed mae min y gwynt.
Drwy Aber daw i reibio
Slaes wrth slaes â'i rasal o
Groen y tir, gyr ewyn ton
Yn ferw gan lafoerion.

Daw'n un anterth o chwerthin
Hyd y ffyrdd heb nabod ffin.
Daw heb barch at enaid byw
Drwy'r cread, am nad ydyw'n
Malio dim am hwyliau dyn
Na'i reol, mwy na'r ewyn.

HUW MEIRION EDWARDS

Llonydd

Ar goll yn y ffrae sy'n mynnu
chwarae tic yn fy mhen,
mae'n cymryd amser i mi dy glywed.
Rwyt ti'n dangos ffawydden i mi,
ei mes, ei dail main,
dy lais yn dawel
fel yr egwyl rhwng penillion emyn.
Yna'r ysgaw, ei flodau plu eira
a'r coed cyll. Yli, meddat ti,
cynffonnau ŵyn bach, gan osod un
ar gledr styfnig fy llaw.
Cerddwn, gan adael i'r dydd
ddiosg ei hun oddi arnom fesul awr,
a rhywbryd ar hyd y llwybr llonydd,
doi â fi eto yn ôl at fy nghoed.

CASIA WILIAM

Ymddiheuriad

Am a ddaw, oes maddeuant
i ni a lygrodd y nant
a gwagio'r môr? Am greu maeth
o wenwyn, a'i droi'n lluniaeth,
a'ch magu â chemegion?
Am ôl wast ymyl y lôn?

Am inni ddwyn y mwynau?
Am wario'r oll er mawrhau
duwiau'r olew, a drilio'n
caeau brau gan lygru'n bro?
Nid byd gwell ond bywyd gwaeth
yw'n hadlodd i'ch cenhedlaeth.

TEGWYN PUGHE JONES

Yr un yw calon hael y ddaear hen

Yr un yw calon hael y ddaear hen
Er pob cyfnewid ar rodfeydd ei phlant;
Tros glwyfau'r bladur tynnodd gynt ei gwên
A rhannu inni ei rhin o goffrau gant.

Chwyrnwch beiriannau oerion ar eich rhawd
A rhwygo'i bronnau maethlon dan eich dur;
Fe wea newydd wisg dros greithiau'i chnawd
A llunio gwlith y wawr o ddagrau'i chur.

Mae rhaid ei phlant yn cuddio'u stranciau oll,
Ceidw ei chyfamod â hwynt yn ddi-lyth;
Teganau newydd eto a ddaw'n ddi-goll, –
Pryd hau a medi – hyn ni pheidia byth.

ALUN CILIE

*Bydd mwy, o Fynwy i Fôn,
bropelar lle bu'r peilon.*

DIC JONES

Dywedant hwy mai hen yw'r cread,
Hen yw'r sêr a hen yw'r lleuad,
Hen yw'r môr a hen yw'r tywod,
Eto newydd yw pob diwrnod.

STANLEY LEWIS

Cydnabyddiaethau

Cyflwyniad: Llwyd, I. (1992) [cerdd ddideitl], *Pigion y Talwrn 6* (Gwasg Gwynedd). Llun: cragen ar draeth (iStock.com / Dmitrii Bykanov).
Harddwch: Roberts, E. (1987), *Gwaith Dy Fysedd* (Cyhoeddiadau Barddas). Llun: 'Llygad Duw', sef yr enw roddwyd ar y ffrwydrad cosmig anferth gan wyddonwyr telesgop Hubble (iStock.com / dzika_mrowka).
Gwawr: Hopwood, M. (2022). Llun: gwrid gwawr ar hyd y gorwel (Iestyn Hughes).
Ar hyd y nos: Hughes, J. Ceiriog (traddodiadol). Llun: golygfa tua'r sêr ar noson glir (iStock.com / Artem Peretiatko).
Y môr: Jones, D. (1978), *Storom Awst* (Gwasg Gomer) a Jones, R. (1978) 'Ewyn', *Y Flodeugerdd Englynion* (Gwasg Christopher Davies). Llun: traeth Penbryn, Ceredigion (Anna Stowe Landscapes UK / Alamy Stock Photo).
Y Grib Goch: Hughes, T. R. (1979), *Y Flodeugerdd Delynegion* (Gwasg Christopher Davies). Llun: y Grib Goch, Eryri – y twlc lafa a'r ddiadell o silica (Christopher Drabble / Alamy Stock Photo).
Afon: Owen, G. L. (2005), *Cilmeri a Cherddi Eraill* (Gwasg Gwynedd). Llun: yr afon Ddyfi'n nadreddu tua'r môr (Iestyn Hughes).
Enfys: George, M. (2022). Llun: enfys dros Eglwys Dewi Sant, Bangor Teifi, Ceredigion (Iestyn Hughes).
Siom: Thomas, M. (1992), *Pigion y Talwrn 6* (Gwasg Gwynedd). Llun: pluen eira (iStock.com / merrymoonmary).
Gwyrth: Tîm Ffostrasol (1988), *Pigion y Talwrn 4* (Gwasg Gwynedd). Llun: machlud 'yn rhoi dŵr y môr ar dân' ger Aberporth (Iestyn Hughes).
Cregyn: Dafis, Rh. (2022). Llun: ffosil cragen a chragen gyffelyb heddiw (Rhys Dafis; iStock.com / hsvrs).
Gwymon: Pierce, A. (2022). Llun: gwymon neu ysnoden y môr (iStock.com / vernonwiley).
Mewnlifiad: Erith, H. (2022). Llun: cranc heglog hyf neu *spider crab* (Nature Picture Library / Alamy Stock Photo).
O'r geulan: Reynolds, I. (2022). Llun: eog agos (agefotostock / Alamy Stock Photo).
Morloi: Jones, C. W. (2022). Llun: morloi'r Iwerydd yn hawlio'r traeth (iStock.com / Ian Fox).
Llynnoedd Teifi: Ifan, G. Ll. (2021), *DNA* (Cyhoeddiadau Barddas). Llun: un o lynnoedd Teifi (Iestyn Hughes).
Gwyn fyd y griafolen: Llywelyn-Williams, A. (1956), *Pont y Caniedydd* (Gwasg Gee). Llun: criafolen unig ar lethrau Pen yr Oleu Wen, Eryri (Rhys Dafis).
Cnau cyll: Northey, S. (2022). Llun: llygoden goch y maes yn gwledda ar gnau cyll (iStock.com / Andyworks).
Cof y dail: Jim Parc Nest (2022). Llun: dail ffawydd yr hydref (Rhys Dafis).
Y pin: Lewis, S. (2020), *Siwan a Cherddi Eraill* (Ystad Saunders Lewis / Atebol Cyfyngedig). Llun: coed pinwydd yng ngolau'r lleuad (Chayanan Phumsukwisit / Alamy Stock Photo).
Madarch: Coblynnod anhysbys (2022). Llun: ambarelo'r bwgan (iStock.com / weinkoetz).
Derwen: Williams, T. A. (2003) 'Y Fesen', 'Y Dderwen', *Englynion a Cherddi T. Arfon Williams: Y Casgliad Cyflawn* (Cyhoeddiadau Baddas). Llun: derwen urddasol ar orsedd Caer Llanfor ger y Bala (Rhys Dafis).
Eirlys: Jones, T. P. (1979), *Y Flodeugerdd Delynegion* (Gwasg Christopher Davies). Llun: y lili wen fach, blodeuyn yr eira, cloch maban neu dlws yr eira (iStock.com / Janno Vaan).
Y fanhadlen: Davies, T. (1978), *Y Flodeugerdd Englynion* (Gwasg Christopher Davies). Llun: y banadl (Keith Burdett / Alamy Stock Photo).
N'ad fi'n ango': James, C. (2022). Llun: blodau'r *forget-me-not*, *Myosotis* neu flodyn cof (LianeM / Alamy Stock Photo).
Grug: Morris, W. ac E. Wyn (1978), *Y Flodeugerdd Englynion* (Gwasg Christopher Davies). Llun: grug Awst ar lethrau Penberi, sir Benfro. (Joan Gravell / Alamy Stock Photo).
O ddeutu hon: Glynn, A. (2022). Llun: y rhosmari (John Gaffen / Alamy Stock Photo).
Lili'r Wyddfa: Jones, T. D. (2021), *Am yn Ail* (Cyhoeddiadau Barddas). Llun: brwynddail y mynydd neu *Lloydio serotina* (Gerallt Pennant).

Y pry cop: Owen, G. L. (1978), *Y Flodeugerdd Englynion* (Gwasg Christopher Davies) ac Williams, T. A. (2003), *Englynion a Cherddi T. Arfon Williams: Y Casgliad Cyflawn* (Cyhoeddiadau Baddas). Llun: corryn o rywogaeth yr *Araneus diadematus* (iStock.com / Fabien_Gouby).

Glöyn byw: Llŷn, A. (2022). Llun: y fantell goch (Myfyr Griffiths).

Morgrugyn: Rhys, I. (2022). Llun: morgrugyn y coed (iStock / avid_creative).

Atgyfodiad y pry lludw: Iorwerth, Rh. (2022). Llun: gwrachen ludw (RousePhotography / Alamy Stock Photo).

Gwenyn: Awst, M. (2022). Llun: gwenynen fêl (Iestyn Hughes).

Diofal yw'r aderyn: (traddodiadol). Llun: robin goch (Myfyr Griffiths).

Gwaith: Llewelyn, H. (2022). Llun: y dryw (Buiten-Beeld / Alamy Stock Photo).

I'r ceiliog du o Goed-y-Bryn: Jones, T. Ll. (2015), *Y Fro Eithinog* (Gwasg Gomer). Llun: mwyalchen (iStock.com / Riverheron).

Y gnocell frith fwyaf: Llwyd, A. (1975), *Edrych Trwy Wydrau Lledrith* (Gwasg Christopher Davies). Llun: aderyn o dylwyth taradr y coed neu goblyn y coed (Myfyr Griffiths).

Bwlch Nant yr Arian: Pritchard, D. J. (2022). Llun: barcud coch uwch Bwlch Nant yr Arian (Iestyn Hughes).

Y crychydd: Evans, D. (1986), *Cread Crist* (Cyhoeddiadau Barddas). Llun: crychydd neu'r crëyr glas (Iestyn Hughes).

Wennol fach: Jones, N. W. (2001), *Sbectol Inc* (Y Lolfa). Llun: cywion gwennol (David Tipling Photo Library / Alamy Stock Photo).

Drudws Aber: Pritchard, A. (2022). Llun: murmur y drudwy uwch y pier, Aberystwyth (Janet Baxter).

Yr afr fynydd: Wynn, I. (2022). Llun: gafr fynydd uwch chwarel y Penrhyn, Bethesda (iStock.com / Matthew Troke).

Un o ddefaid y Rhondda: Griffiths, I. (1989), *Yr Awen Lawen* (Cyhoeddiadau Barddas). Llun: dafad Gymreig yn hawlio'r lle uwch Treorci, Cwm Rhondda (FreespiritNature / Alamy Stock Photo).

Y wiwer goch: Llwyd, A. (1975), *Edrych Trwy Wydrau Lledrith* (Gwasg Christopher Davies). Llun: llam gwiwer goch (iStock.com / Henk Bogaard).

Y llwynog: Parry, R. W. (1956), *Yr Haf a Cherddi Eraill* (Gwasg y Bala). Llun: llwynog neu gadno (iStock.com / BoukeAtema)..

Draenog: Lloyd, L. (2022). Llun: Draenog bychan neu anifail o rywogaeth yr *Erinaceus* (iStock.com / Coatesy).

Ystlum: Hooson, I. D. (1948), *Y Gwin a Cherddi Eraill* (Gwasg Gee). Llun: ystlum hirglust (Arterra Picture Library / Alamy Stock Photo).

Yr heliwr: Peate, I. C. (1963), *Canu Chwarter Canrif* (Gwasg Gee). Llun: greddf hela a lladd yn parhau (iStock.com / gorodenkoff. iStock.com / Extreme-photographer).

Pulpud Huw Llwyd: Maddocks, Ll. (2022). Llun: 'pulpud' naturiol o garreg mewn ceunant yn afon Cynfal ger Llan Ffestiniog (Gerallt Pennant).

Moliant i'r amaethwr: Bowen, G. (1953), *Awdlau Cadeiriol Detholedig 1926–1950* (Cyngor yr Eisteddfod Genedlaethol). Llun: Aredig ddoe ym Mro Aled (Alwyn Williams).

Gardd: Jones, D. J. (Gwenallt) (1959), *Gwreiddiau* (Gwasg Gomer). Llun: offer garddio (iStock.com / serggn).

Hen Weithfeydd: Williams, Rh. (1991), *Barddoniaeth Rhydwen Williams, Y Casgliad Cyflawn 1941–1991* (Cyhoeddiadau Barddas). Llun: hen gerbyd mwyngloddio ger agorfa twnnel yng Nglyn Ebwy (Chris Howes/Wild Places / Alamy Stock Photo).

Siambr eco: Jones, O. Rh. (2022). Llun: bythynnod chwarel Dinorwig (iStock.com / George-Standen).

Gofod: Reynolds, I. (2004), *Draw Dros y Don* (Cyhoeddiadau Barddas). Llun: roced yn tanio i'r gofod (iStock.com / 3DSculptor).

Archfarchnad: Gibson, P. (2022). Llun: barlys yn gwywo mewn cyfnod o sychder (Wayne HUTCHINSON / Alamy Stock Photo).

Gwynt: Edwards, H. M. (2013), (Gwasg y Bwthyn). Llun: storm yn taro rhodfa fôr Aberystwyth (Iestyn Hughes).

Llonydd: Wiliam, C. (2020), *Eiliad ac Einioes* (Cyhoeddiadau Barddas). Llun: cynffonnau ŵyn bach (Iestyn Hughes).

Ymddiheuriad: Jones, T. P. (2022). Llun: plastig ar draeth ym Môn (CBW / Alamy Stock Photo).

Calon hael y ddaear hen: Cilie, A. (1976), *Cerddi Pentalar* (Gwasg Gomer). Llun: grym a dyfalbarhad natur, chwarel Dorothea, Dyffryn Nantlle (Iestyn Hughes).

Pennill clo: Lewis, S. (1992) [cerdd ddideitl], *Pigion y Talwrn 6* (Gwasg Gwynedd). Llun: un o dwrbeini gwynt Mynydd Gorddu, Bont-goch, gogledd Ceredigion (Iestyn Hughes).

Lluniau eraill: coeden fywyd (iStock.com / Indah Kusumaningrum), cefndiroedd (iStock.com / Vladislav Trigub), dyfrliw dail y goeden fywyd (iStock.com / kostins).